CONSULTATION

DU

CONSEILLER D'ÉTAT AVOCAT GÉNÉRAL DE LA COURONNE DE PORTUGAL

S. E. MÁRTENS FERRÃO

SUR LES

PRÉTENTIONS DES PORTEURS DE TITRES

DE

L'EMPRUNT D. MIGUEL

TRADUCTION FRANÇAISE

LISBONNE
IMPRIMERIE NATIONALE
1880

CONSULTATION

DU

CONSEILLER D'ÉTAT AVOCAT GÉNÉRAL DE LA COURONNE DE PORTUGAL

S. E. MARTENS FERRÃO

SUR LES

PRÉTENTIONS DES PORTEURS DE TITRES

DE

L'EMPRUNT D. MIGUEL

TRADUCTION FRANÇAISE

LISBONNE
IMPRIMERIE NATIONALE
1880

Excellence. — Satisfaisant aux ordres expediés par le ministère des finances, je dois émettre mon opinion sur ce qui vient d'être exposé par les porteurs des obligations de l'emprunt de 1832, mieux connu sous la désignation d'*Emprunt D. Miguel*, dans une récente publication qui porte ce titre: *L'emprunt royal de Portugal, 1832.*—Paris, 1880.

J'ai déjà eu occasion de donner, en 1877, mon avis sur la question débattue dans cette brochure.

Néanmoins, je reviendrai là-dessus, en me rapportant en même temps à quelques points, touchés dans la nouvelle publication, qui ne l'avaient pas été auparavant, et qui, par conséquent, il m'avait été impossible d'aprécier dûment.

Je ne suivrai pas l'ordre de la brochure en question: je ne m'occuperai pas non plus de tous les sujets que s'y trouvent confondus et qui sont tout-à-fait étrangers à la question. Ce n'est que comme fiscal de la loi que ma responsabilité est engagée envers le gouvernement de l'État.

I

Exposition des faits, tels qu'ils ressortent des documents officiels

Le gouvernement illégitime, qui en 1832 se trouvait établi à Lisbonne, entama, en date du 16 juillet, avec les banquiers de Paris, Outrequin et Jauge, des négociations pour un emprunt de 40.000:000 de francs, valeur nominale, sous les conditions et dans les termes du contrat respectif, déposé aux archives du ministère des finances.

Afin de rendre plus complète l'intelligence de l'affaire, je transcris cette pièce dans sa teneur intégrale:

«Contrat fait et conclu entre les soussignés,

Son Excellence le ministre des finances du royaume de Portugal, stipulant au nom de Sa Majesté Très Fidèle d'une part; J. F. Outrequin et Jauge, banquiers à Paris, de l'autre;

Aujourd'hui, le 16 juillet 1832:

Par décret de Sa Majesté Très Fidèle, en date du 14 avril dernier, il est constaté que Son Excellence le ministre secrétaire d'état au département des finances a été autorisé à négocier un emprunt de 40.000:000 de francs. Outrequin et Jauge se chargent de la négociation du susdit emprunt, sous les conditions suivantes, qui ont été acceptées:

Article 1er Le capital de l'emprunt est de 40.000:000 de francs, valeur nominale.

Art. 2. Le versement de cet emprunt sera réalisé de mois en mois par douzièmes; le versement du premier douzième, au prix stipulé pour ledit emprunt, sera fait à Paris ou à Londres, après l'échange du présent contrat, *après que le gouvernement de Sa Majesté aura donné quittance générale pour la totalité de l'emprunt*, et après qu'on aura reçu un douzième des certificats et coupons, ainsi que des polices correspondant à ce douzième, effectivement remis, pour la valeur de 3.333:333 1/3 de francs: les onze douzièmes restants seront toujours payés en échange des polices qui leur correspondent, à Paris ou à Londres, aux commissaires ou agents du gouvernement portugais, spécialement chargés de ce soin, et autorisés à recevoir ces douzièmes. (Voyez article 15.)

Art. 3. Dès que le payement de la première somme, ou du premier douzième du prix stipulé pour le dit emprunt, aura eu lieu, le commissaire ou agent du gouvernement mentionné remettra les polices, comme il est dit plus haut; la formalité et l'importance particulière de chacune de ces remises sera réglée d'après la décision prise par les commissaires portugais et par les prêteurs.

Ceux-ci *sont autorisés à verser d'avance, en tout ou en partie, les sommes référées*, et, dans ce cas, on leur accordera un escompte de 5 pour cent l'an sur ces anticipations.

Art. 4. A Paris, les payements audit gouvernement *seront effectuées* en espèces d'or ou d'argent, *ou en lettres de change* sur Lisbonne au change du jour, ou en lettres de change sur Porto au change du jour, ou en lettres de change sur Londres, au change de 25 francs 70 centimes pour livre sterling, à quatre-vingt dix jours de date, et à la satisfaction de l'agent portugais.

Art. 5. L'emprunt comptera un intérêt de 5 pour cent l'an, payable de six mois en six mois, à commencer du 1er septembre 1832.

Art. 6. Le capital de l'emprunt sera amorti en trente-deux ans, par parties égales d'année en année, *à commencer le premier août de mil huit cents* TRENTE TROIS; et à cette fin les polices et coupons seront divisés en trente-deux séries, dont on tirera au sort une, *le premier août de chaque année*, laquelle *sera payée à Paris* LE PREMIER SEPTEMBRE SUIVANT. Le gouvernement portugais se réserve cependant la faculté d'anticiper ces remboursements si l'état de ses finances le lui permet.

Après chaque tirage, les polices amorties seront rayées, annulées et envoyées à Son Excellence le ministre secrétaire d'état des finances, ou remises à l'agent portugais, et un certificat authentique de l'importance de ces polices ainsi amorties, avec la description de ces titres, sera remis mutuellement et immédiatement aux contractants, de même qu'à MM. A.-A. Gower neveux et Cie, agents des dits banquiers à Londres, particulièrement désignés ci-dessous.

Art. 7. Le payement des intérêts aux porteurs de ces polices et l'amortissement des séries auront lieu à Paris, *par l'intervention des banquiers contractants, d'accord avec le commissaire portugais*; et, pour ces diverses opérations, une commission de $1/4$ pour cent sur l'importance des dividendes payés, et des titres rachetés, sera accordée aux dits banquiers.

Art. 8. Une commission de 5 pour cent sur la valeur nominale des titres est encore assignée aux mêmes banquiers contractants; cette commission sera retenue par eux à mesure qu'ils auront effectué les versements, proportionnellement à chaque payement, et il en sera de même pour les dépenses d'impression de polices, etc., ainsi que de toute autre dépense extraordinaire occasionné par le présent contrat, d'accord avec le commissaire portugais.

Art. 9. Les banquiers commissionnés sont autorisés à retenir sur le montant de chaque payement la somme correspondante à l'intérêt d'une année du même payement, *pour faire face aux deux premiers semestres ou demi-années.* Ils retiendront encore un trente-deuxième du capital nominal *pour faire face au remboursement de la série* dont le tirage aura lieu **le premier août mil huit cent trente-trois.**

Art. 10. Le prix du présent emprunt est fixé à 69 francs par 100 francs de capital nominal, et aucune partie n'en peut être négociée au-dessous de ce prix sans le consentement exprès du gouvernement portugais. Si cependant, par les soins desdits banquiers, l'emprunt vient à être placé, en tout ou en partie, à un prix plus avantageux que celui qui vient d'être spécifié, et cela avant qu'il ait été complètement négocié, l'excédant sera considéré comme prime sur le prix fixé, et partagé par parties égales entre le gouvernement portugais et les contractants nommés plus haut.

Art. 11. Comme garantie du présent emprunt, Sa Majesté Très Fidèle engage spécialement le produit du subside militaire, de la dîme *(dizima)* de la ville de Lisbonne et de sa banlieue, *ainsi que celui de la ville de Porto*, et, dans le cas où cette garantie se trouverait insuffisante, en général tous les revenus du royaume; cette clause *sera formellement insérée dans la quittance générale que Sa Majesté Très Fidèle souscrira ou autorisera.*

Art. 12. Le gouvernement portugais *ne contractera*

aucun emprunt avant l'émission complète de celui-ci. Si, à l'avenir, il convenait au gouvernement portugais de contracter un emprunt, il donnera la préférence, à prix égal, aux maisons mentionnées dans le présent contrat.

Art. 13. Si, *par une circonstance quelconque, l'émission d'une partie du présent emprunt vient à être retardée ou entravée,* le gouvernement portugais ne sera responsable que des sommes représentées par les polices émises, et dont le montant lui aura été effectivement remis; de même les banquiers contractants ne pourront être inquiétés ni aucunement poursuivis par le gouvernement de Sa Majesté Très Fidèle, par suite de l'insuffisance de leurs remises, nonobstant tout ce dont on ait pu convenir à cet égard dans les articles précédents; il leur suffira de justifier avoir intégralement payé les sommes par eux reçues en échange des titres qu'ils auront pu négocier, d'après les conditions stipulées, *déduction faite des retenues sus mentionnées.*

Art. 14. Les banquiers contractants seront nommés banquiers de Sa Majesté Très Fidèle à Paris et chargés dans cette capitale des intérêts de banque du gouvernement portugais.

Art. 15. Les parties signataires du présent contrat, pleinement convaincues des avantages qui résulteraient d'avoir en Angleterre des agents pour mettre en exécution les diverses opérations relatives au présent emprunt, et particulièrement celles qui se rapporteraient aux souscriptions qu'on pourrait recueillir dans ce pays, par les présentes et à ces fins, nomment mutuellement et irrévocablement pour leurs agents en Angleterre la maison MM. A.-A. Gower neveux et Cie, lesquels acceptent la dite nomination, et il est convenu qu'ils rendront compte de toutes les sommes qui leur seront versées, le produit du présent emprunt devant être remis à Sa Majesté Très Fidèle, ou à son successeur, souverain du Portugal, *ou à toute autre personne ou personnes à cet effet auctorisées par Sa Majesté;* et lesdits MM. A.-A. Gower neveux et Cie partageront par moitié, avec MM. Outrequin et Jauge, les commissions, intérêts et avantages spécifiés plus haut. Il est cependant convenu, et il reste clairement entendu, que MM. Outrequin et Jauge, de Paris, MM. A.-A. Gower neveux et Cie, de Londres, en tout ce qui concerne les actes et engagements respectifs, ne seront aucunement responsables les uns des autres; que MM. Gower et Cie seront nommés banquiers de Sa Majesté Très Fidèle à Londres, chargés dans cette capitale des affaires de banque du gouvernement portugais, et qu'enfin lesdits Gower neveux et Cie auront la faculté de déduire de toutes les sommes, qu'ils pourront recueillir pour ledit gouvernement, avant même de lui en rendre compte, *le montant en entier des commissions, consignations, intérêts, un trente-deuxième du capital, la prime pour le payement des dividendes et le rachat de l'emprunt, ainsi qu'il a été stipulé dans les articles 7, 8, 9 e 10*, pourvu que cela se rapporte aux sommes provenant des titres qui auront été négociés à Londres, comme si cette négociation avait eu lieu à Paris.

Ministère des finances, le 5 octobre 1832.

Signé: Comte da Louzã D. Diogo.—J.-F. Outrequin.—Jauge.

Sauf notre réclamation à la commission exprimée dans l'article 7 du présent contrat. Par autorisation de MM. A.-A. Gower neveux et Cie, J.-F. Outrequin—Jauge.

Sauf la réclamation de MM. A.-A. Gower neveux et Cie, relative à la commission exprimée dans l'article 7 du présent contrat.—Le Conseiller Héliodoro Jacinto d'Araujo Carneiro.»

«Pour copie conforme.—Première division de la direction générale de la trésorerie au ministère des finances, le 18 février 1880.

Pour le chef de division, *Luiz Augusto Perestrello de Vasconcellos*.»

Il n'existe pas dans les archives publics du Portugal aucun document authentique où l'on puisse entrevoir quelle extension a atteint l'émission de cet emprunt; par contre, la façon irrégulière dont l'affaire a été menée en France se trouve parfaitement avérée dans des documents que je vais transcrire :

Le premier de ces documents est le rapport présenté au sénat français, sur la pétition qui lui avait été adressée par les représentants de l'emprunt de 1832, désigné sous le nom d'*Emprunt D. Miguel*. Le rapporteur en a été l'illustre jurisconsulte Bonjean. En voici le texte même :

«Rapport présenté au sénat français, sur une pétition relative à l'emprunt D. Miguel, par M. le premier président Bonjean. Extrait du procès verbal de la séance du 1er juillet 1862.

«Messieurs les sénateurs : Le sieur De Chambre, en qualité de président d'une commission chargée des intérêts des souscripteurs de l'emprunt portugais du 5 octobre 1832, et le sieur Buisson, médecin à Paris, l'un de ces souscripteurs, demandent que le gouvernement français intervienne diplomatiquement en leur faveur auprès du gouvernement de Lisbonne, pour leur faire obtenir le remboursement du dit emprunt.

«Des pétitions identiques, adressées au gouvernement de juillet, furent toujours repoussées par lui ; sous la législative, une pétition nouvelle fut renvoyée le 14 mai 1851 au ministre des affaires étrangères ; enfin dans la séance du 29 avril 1853, sur le rapport de notre regrettable collègue M. Lebœuf, pareil renvoi fut prononcé par le sénat. Ces deux renvois, n'ayant abouti à aucun résultat utile par des raisons que nous allons bientôt vous faire connaître, les pétitionnaires invoquent de nouveau votre intervention.

«Les faits sont assez simples. Au mois d'octobre 1832, D. Miguel, portant alors le titre de roi de Portugal, décréta un emprunt de 40.000:000 de francs pour subvenir aux frais de la guerre qu'il soutenait contre la reine D. Maria. La maison Outrequin et Jauge fut chargée de la négociation de cet emprunt en France ; et l'émission des titres eut lieu publiquement, à la Bourse de Paris, le 5 avril 1833.

«Il convient de faire remarquer que, dès l'apparition de cet emprunt, l'ex-empereur du Brésil, D. Pedro, agissant comme régent et tuteur de la jeune reine D. Maria, fit une déclaration publique par laquelle il signifia à tous souscripteurs présents ou futurs de cet emprunt — que les emprunts faits par D. Miguel ne seraient pas reconnus par le gouvernement de sa fille, le jour où ses droits auraient prévalu.

«Nonobstant ces protestations, une partie des titres trouva des souscripteurs aux prix de 600 à 700 francs par titre nominal de 1:000 francs, et ces prix furent côtés à la Bourse de Paris.

«Les trois premiers semestres d'intérêt furent payés, et la quatorzième série d'obligations, désignée par le sort, remboursée en septembre 1833, conformément aux stipulations du contrat.

«Dès le 24 juillet de cette année 1833, cependant, l'armée de D. Maria s'étant emparée de Lisbonne, et la jeune princesse ayant été proclamée reine de Portugal, D. Pedro, renouvelant ses déclarations précédentes, avait déclaré l'emprunt D. Miguel nul et non avenu, comme contracté par un gouvernement révolutionnaire et usurpateur.

«Toutefois, comme au moment de la prise de Lisbonne, le nouveau gouvernement avait trouvé dans les caisses publiques un certain nombre de traites envoyées à D. Miguel par la maison Outrequin et Jauge, et provenant de la négociation de l'emprunt, D. Pedro déclara le 30 juillet que, bien que l'emprunt fût nul et non obligatoire, il répugnait à sa générosité de mettre aucun empêchement à la remise des fonds, en temps convenable, entre les mains de ceux auxquels ces fonds pouvaient revenir de droit.

«Les traites trouvées dans les caisses publiques furent encaissées par le nouveau gouvernement, mais le ministère portugais s'est constamment refusé à tout payement aux porteurs des titres de l'emprunt.

«Dans cette situation, les pétitionnaires demandent trois choses:

«1° Que l'emprunt de 1832 soit reconnu par le gouvernement portugais ;

«2° Subsidiairement, qu'il leur soit permis d'exercer leur recours sur les biens de D. Miguel, qui ont été réunis au domaine de l'État ;

«3° Plus subsidiairement encore, que, conformément à la déclaration de D. Pedro de 30 juillet 1833, les fonds, provenant de l'emprunt, et trouvés dans les caisses du trésor, leur soient restitués.

«I. A l'appui de leur première prétention, les pétitionnaires ont fait valoir leur bonne foi et invoqué le principe — que les gouvernements qui se succèdent sont, malgré la différence de leur origine, solidaires de leurs devanciers.

«Le principe est vrai, et assurément applicable au cas où un gouvernement nouveau vient prendre la place d'un autre gouvernement ayant été, de fait ou de droit, en possession incontestée de la puissance publique. Mais n'est ce pas en faire *une fausse application* que de vouloir l'étendre, dans un pays déchiré par la guerre civile, aux engagements contractés par l'un des partis qui se disputent le pouvoir? Et le gouvernement portugais ne semble-t-il pas être fondé à répondre, *ainsi qu'il l'a toujours fait*, qu'il ne peut être tenu *ni en droit ni en équité* de reconnaître un emprunt contre lequel il a toujours protesté, un emprunt *dont il a été victime*, car c'est *grâce à l'appui qu'il a trouvé en France dans un certain parti*, que D. Miguel a pu prolonger autant la guerre civile ?

«Ces raisons ont toujours semblé décisives; et le département des affaires étrangères, comme le sénat en 1853, n'a pas pensé qu'il fût possible d'insister, sur le premier point, auprès du gouvernement portugais.

«II. Le rejet de la première prétention *entraîne nécessairement le rejet de la seconde*, car ne serait-ce pas *reconnaître indirectement l'emprunt de 1832* que d'autoriser les porteurs de cet emprunt à revendiquer, contre le domaine de Portugal, les propriétés de D. Miguel réunies à ce domaine?

«III. Reste donc seulement la troisième prétention, fondée sur la déclaration de D. Pedro du 30 juillet 1833, et sur ce principe d'équité que précisément, parce qu'il a toujours proclamé la nullité radicale de l'emprunt, le gouvernement de D. Maria ne pouvait avoir ni titre ni prétexte pour s'emparer des titres trouvés dans les caisses du trésor et représentant des fonds versés par les porteurs.

«C'est sur ce dernier point seulement que en 1853 le sénat ordonna le renvoi de la pétition au gouvernement, à l'effet d'obtenir, par la voie diplomatique, *une transaction équitable entre le trésor portugais et les souscripteurs de l'emprunt.*

«Les documents communiqués à votre commission prouvent que le département des affaires étrangères a fait les plus louables efforts pour arriver à ce but.

«Dès la fin de 1853, et dans le courant de 1854, notre ministre à Lisbonne, sur les instructions venues de Paris, s'était livré aux recherches les plus minutieuses pour arriver à constater l'importance des sommes provenant de l'emprunt dont le gouvernement de D. Maria paraissait avoir profité; et il était arrivé à reconnaître que cette somme était de 334:496$959 réis, soit, en francs, 2.006:000.

«Sur cette constatation, notre ministre reçut pour instruction d'appuyer, de tout son pouvoir, dans les limites de cette somme, les réclamations des porteurs de l'emprunt.

«Mais tous les efforts de notre diplomatie ont échoué devant l'inébranlable refus du cabinet de Lisbonne, *fondé sur diverses considérations qu'il convient de vous faire connaître.*

«En premier lieu, en ce qui concerne la déclaration du 30 juillet 1833, on a répondu qu'aux termes mêmes de la Charte, par lui donnée au Portugal en 1826, D. Pedro *n'avait aucunement le droit de lier le trésor;* que ce droit n'appartenait qu'aux cortès.

«En second lieu, et relativement à la question d'équité,

que les souscripteurs *savaient fort bien que leurs fonds devaient servir à payer la guerre civile*, et qu'il serait étrange que le pays, *qu'avait tant souffert de cette guerre*, fût tenu de réparer le sort *auquel les souscripteurs s'étaient volontairement exposés* au mépris des protestations solennelles de D. Pedro contre l'emprunt de 1832.

«Enfin, il a été produit une dernière objection qui, plus que les deux précédentes, a semblé à votre commission d'autant plus digne de fixer notre attention qu'elle ne paraît pas avoir été comprise de votre commission de 1853.

«L'emprunt de 40.000:000 de francs *fut traité en commission*, c'est-à-dire que les agents de D. Miguel remirent aux banquiers 40:000 titres que ceux-ci devaient délivrer aux souscripteurs contre le versement de leur argent.

«Or il paraît bien certain que les traites saisies à Lisbonne le 24 juillet 1833, et montant à 2.000:000 environ, représentaient la plus grande partie des obligations qui avaient pu être réalisées dans le temps si court qui sépara l'émission de l'emprunt de la prise de Lisbonne, et cependant, pour ne parler que des réclamants, il est produit pour 11.000:000 de titres, c'est-à-dire pour une somme très supérieure à celle que le rapprochement des faits et des dates prouve avoir été réalisée. Ce résultat s'expliquerait, d'après le gouvernement portugais, par ce fait que les banquiers et autres détenteurs des titres en auraient négocié un grand nombre depuis vingt-cinq ans, à la faveur d'un agiotage qui, à certaines époques, a donné à ces titres une valeur factice, quoique très minime, puisque les titres de 1:000 francs sont descendus jusqu'à 3 francs. De tout quoi il faut conclure que sur les 11.000:000 de titres produits, la plus grande partie est fictive et ne représente pas des droits sérieux.

«D'une autre part, il reste encore pour 29.000:000 de titres qui se trouvent dans des mains inconnues et qui n'attendent peut-être que la nouvelle d'une intervention diplomatique pour faire leur apparition sur le marché. Comment dès lors établir une répartition équitable entre des titres qui se ressemblent tous? Dans l'impossibilité absolue où l'on se trouve de discerner les porteurs sérieux de ceux, en bien plus grand nombre, qui ne le sont pas, comment faire application du principe d'équité sur le quel repose le troisième chef de demande, et qui consiste à dire: vous avez reçu mon argent sans cause, restituez-le-moi !

« Dans de telles circonstances, messieurs les sénateurs, *le departement des affaires étrangères, a pensé, après mûr examen, qu'une intervention diplomatique ne pouvant offrir aucune chance de succès, il convenait de s'en abstenir.*

« *Telle a été aussi la ligne de conduite adoptée par le gouvernement anglais, ordinairement si porté à soutenir les intérêts de ses nationaux.*

« En conséquence de tout ce qui précède, votre commission vous propose de passer à l'ordre du jour sur les deux pétitions, n°s 6 et 327.

« (L'ordre du jour est adopté.) »

Ce document, que je ne connaissais pas lorsque en 1877 j'ai dû répondre sur ce même sujet, est de la plus haute importance, parce qu'il peut être pris comme la décision diplomatique et juridique de la réclamation, et parce que, en appréciant cette réclamation à tous les points de vue, il a démontré la nullité de ses diverses allégations.

En effet, une telle réclamation ne se présente pas au gouvernement portugais fondée sur aucun titre légal, puisque l'emprunt dont il s'agit fut négocié par un gouvernement intrus, et comme tel considéré dès son commencement.

La bonne foi des souscripteurs ne peut non plus être alléguée, puisque ce fut un emprunt de guerre, et pour soutenir la guerre, et que le gouvernement reconnu légitime avait très expressement fait publier qu'il ne le reconnaîtrait point.

Il n'est pas même prouvé que l'émission ait été réalisée d'après les usages réguliers du commerce de banque, puisque le jurisconsulte rapporteur trouve cette émission, non-seulement irrégulière, mais frauduleuse, en partie, ayant été continuée d'une façon subreptice, à une époque où le gouvernement avec qui l'emprunt avait cté contracté n'existait plus.

C'est ainsi que ces titres sont descendus au prix dérisoire de 3 francs pour mille!

La votation du sénat français, qui approuva ce rapport, doit être considérée, comme je viens de le dire, la décision diplomatique proférée par ce grand corps de l'État sur une réclamation qui ne peut se réproduire. Tel est le caractère de ces sortes de décisions dans les relations de gouvernement à gouvernement.

L'avis du savant rapporteur, émis après une étude aprofondie de tout ce que les réclamants avaient pu présenter en leur faveur, possède encore la valeur morale d'une décision de droit, aussi bien par les raisons sur lesquelles il est basé, que par la grande autorité du nom de cet homme de loi.

Un autre des documents, auxquels j'ai fait allusion, et qui existe au ministère des affaires étrangères, se trouve d'ailleurs parfaitement d'accord avec l'exposé des faits présenté par le rapporteur Bonjean.

On y lit ce qui suit:

«En mars 1835, M. Ouvrard, muni des pouvoirs de D. Miguel, s'est fait remettre, soit par MM. Outrequin et Jauge, soit par les commissaires, le restant des obligations dont l'émission n'avais pas eu lieu.

«MM. Outrequin et Jauge remirent à M. Ouvrard, contre quittance, les obligations qu'ils avaient en leur pouvoir.

«L'ensemble des obligations non émises représentait, à peu près, la moitié de l'emprunt, soit 20.000:000 de francs.

«M. Ouvrard, au nom de D. Miguel, dont il avait les pleins pouvoirs, donna à MM. Outrequin et Jauge quittance complète et entière pour tout ce qui concernait les affaires de l'emprunt.

«Ceci se passait en mars 1835.

«Il est très regrettable que dès 1833, immédiatement

après la chute du gouvernement de D. Miguel, le gouvernement légitime n'ait pas cherché à faire opposition entre les mains des commissaires, et de MM. Outrequin et Jauge, à la remise aux agents de D. Miguel des obligations non négociées.

« M. Ouvrard avait fait croire à D. Miguel qu'il tirerait un très bon résultat de la négociation de ces obligations. On ignore l'usage qu'il en fit. Le fait est, que le marché ne tarda pas à se trouver inondé de ces obligations, bientôt discréditées et tombées à très bas prix.

« Les obligations dont M. Ouvrard put disposer se trouvèrent donc confondues avec les obligations régulièrement émises ou négociées par MM. Outrequin et Jauge, et dont le produit avait été régulièrement versé entre les mains des commissaires ou des personnes dûment et régulièrement autorisées.

« Il serait impossible de les distinguer les unes des autres; car, ainsi que nous l'avons dit, MM. Outrequin et Jauge avaient émis ou négocié des obligations des trente deux séries, afin que les porteurs pussent, dans les tirages annuelles, courir la chance d'avoir des obligations remboursées au pair.

« Il y a donc une très grande différence entre la première moitié de l'emprunt, émise régulièrement, et la deuxième partie de ce même emprunt, qui fut négociée ou lancée dans le marché d'une façon plus qu'irrégulière, et dont le gouvernement de fait n'a nullement profité, parce qu'il avait déjà cessé de fonctionner et d'exister. »

(*Information diplomatique envoyée au gouvernement portugais sur l'emprunt de 1832, dit de D. Miguel.*)

Les renseignements communiqués par cet autre document coïncident tout-à-fait, je le répète, avec les détails si bien précisés dans le rapport que je viens de transcrire.

De ce rapport, aussi bien que de faits pareils, il résulte donc que, faute de certitude quant à l'émission des titres, — et cette faute ne peut pas être mise en doute, — il manque forcement la certitude quant à la légitimité des porteurs.

circonstance plus que suffisante, à elle seule, pour infirmer leur réclamation.

Occupons-nous maintenant des sommes procédant de l'emprunt *(por conta do emprestimo)*, qui, après leur entrée dans les caisses du trésor public, alors au pouvoir du gouvernement intrus (particularité qu'il faut toujours se rappeler!), y furent rencontrées par le gouvernement de la reine, comme il est confirmé par le rapport de la direction générale de la trésorerie du 23 mai 1876, dans les termes suivants:

«Ces sommes, ainsi que le fait observer le rapport du ministère des finances de l'année 1834–1835, montaient à 322:002$415 réis; si on les additionne à ce qui a été perçu, par l'entremise du sieur Ferrari, pour le compte de ce même emprunt, on trouve la somme totale de 344:449$959 réis, y compris 139:857$600 réis d'anciens billets *(papel moeda)*, qui n'avaient plus cours légal, et 88:581$417 réis en lettres de change sur Londres, où il avait fallu, pour leur recouvrement, soutenir des procès, qui se trouvaient encore sans décision en 1840 d'après le rapport compétent du 17 février de la dite année.»

La direction fait encore observer: «qu'à partir de cette date il n'existe dans la trésorerie générale aucun document qui indique le recouvrement de ces lettres de change, et que, sans l'examen préalable de l'état des procès, il n'y a pas moyen de formuler un compte définitif».

A ceci la même direction ajoute: «que dans le compte des recettes et des dépenses de 1833–1834, inscript au rapport du 23 février 1836, se trouve comprise, sous le titre *Recettes extraordinaires diverses*, comme provenance de l'emprunt Outrequin et Jauge, la somme de 334:496$959 réis, dont réis 139:857$600 en billets *(papel moeda)* différant à peine de 10:000$000 de réis, en moins, de la somme de 334:496$959 réis, inscripte sur le rapport de l'année 1834–1835; et que, comme il est à présumer que l'erreur appartienne au rapport de 1836, cette somme de 344:496$959 réis, moins les 88:581$417 réis représentant la valeur des lettres de change en litige, dont le payement n'est pas constaté, — c'est-à-dire, un total de 255:915$542 réis, y comprise la part en billets déjà indiquée, — constitue le solde de l'emprunt D. Miguel, recueilli par le gouvernement légitime de la reine.»

La direction fait enfin remarquer «que ces résultats s'accordent pleinement encore avec le brouillon original *(minuta)* d'un compte qui porte la date du 30 septembre 1833, et qui se trouve déposé aux archives de la trésorerie».

Dans son rapport général, présenté aux cortès extraordinaires de 1834, le ministre des finances, lorsqu'il mentionne l'emprunt dont il s'agit, le fait en ces termes :

«Je crois de mon devoir de déclarer ici que tout ce qui existait dans le trésor comme provenant d'un emprunt, qu'on disait avoir été contracté avec une maison de Paris, du nom d'Outrequin et Jauge (quoiqu'on n'ait trouvé aucun document certifiant cette provenance) se montait à la somme de 322:002$415 réis, dont 25:065$960 réis en espèces métalliques, monnayées avant le 24 juillet 1833, et le restant en lettres de change sur Lisbonne et sur Londres. Si l'on additionne à cette somme, celle des 22:494$544 réis recouvrés du commerçant génois Francisco Ferrari, et, déduction faite des 88:581$417 réis, des lettres de change envoyées à Londres, à la consignation de Manuel Joaquim Soares (non payés encore, par suite des obstacles qui ont été opposés au payement de quelques unes de ces lettres de change, tant en la capitale britannique qu'à Paris) les fonds, émanant de la transaction susdite, reçus par la commission administrative du tribunal du trésor, se trouvent réduits à la somme de 255:915$442 réis !»

De tout ce qui vient d'être exposé il s'ensuit clairement, comme on voit : — qu'il n'existe pas un compte exact, formulé par la trésorerie, des sommes effectivement réalisées en vertu de l'emprunt D. Miguel; qu'aucun document authentique n'a pu déterminer quelles étaient les sommes de cette provenance trouvées par le gouvernement légitime dans le trésor public ; — qu'il est également impossible de vérifier ce qui a été recouvré des lettres de change ci-dessus mentionnées.

Par conséquent, aucune des sommes de cette origine ne se présente convenablement liquidée, dans la forme et selon les règles en usage pour la liquidation de semblables comptes.

Les porteurs des titres de l'emprunt, dans leur exposition imprimée en 1875, demandent la somme exorbitante, capital et intérêts jusqu'au 1874, de 15.000:000 de francs (réis 2.700:000$000) ! [1]

Je n'ai point à analyser une telle demande, puisque j'en conteste le droit, et que, ce droit étant contesté, un pareil travail deviendrait inutile : je me contenterai de dire que, même en admettant ce droit, jamais on ne pourrait exiger l'addition des intérêts.

II

Les réclamants, dans leur brochure de janvier dernier, allèguent :

— Que l'emprunt de 1832 a été contracté avec des étrangers par un gouvernement régulièrement établi en Portugal depuis 1828 !

— Que ce gouvernement avait été sanctionné par la volonté nationale, et qu'il possédait tous les caractères qu'on pourrait exiger pour croire le pays engagé !

— Que plus tard, lorsque ce gouvernement a cessé, le gouvernement de la reine exigea judiciairement le payement d'une partie de l'emprunt, mais que ce gouvernement n'est parvenu à effectuer ce recouvrement que sous la promesse solennelle de liquider la dette du même emprunt, qui, à cette époque, se trouvait à découvert !

— Qu'après cela, de nombreuses négociations ont été entamées entre le gouvernement français et le gouvernement portugais pour la reconnaissance du dit emprunt, et que différents projets d'accord ont été échangés entre les représentants du gouvernement portugais et les porteurs de

[1] Ces exigences ont prodigieusement grossi depuis ! Les représentants des intéressés, pleins d'imagination, les portent, dans leur brochure publiée au mois de juillet dernier (page 214), a 69 MILLIONS 146:280 FRANCS ! (12:446 CONTOS 712$400 RÉIS) ! — N. du T.

titres de l'emprunt 1832, laissant toujours entrevoir, de la part du gouvernement portugais, qu'on pourrait arriver à une solution amicale!

— Que, sous cette promesse, différentes opérations de crédit du gouvernement portugais avaient abouti sur la place de Paris, quand, par contre, toutes celles que les réclamants avaient combattu étaient tombées!

—Qu'en 1864 le vicomte de Paiva, ministre de Portugal à Paris, avait entré officiellement en négociations avec les réclamants, quoique sans résultat!

Sous une exposition inexacte de tous les points de cette question, les réclamants, ayant consulté différents jurisconsultes français, tâchent de s'appuyer sur leurs réponses.

Il est visible que tous les jurisconsultes consultés ont pris pour base cette exposition inexacte: malgré cela aucun ne leur a reconnu droit exigible, et seulement quelques uns ont conclu pour leur conseiller des moyens de pression sur le crédit, qui ne sont pas, certes, de ceux que le droit peut garantir ni la morale publique indiquer!

En dernier lieu, les réclamants, dans l'intention évidente de soutenir la légitimité du gouvernement contractant, affirment encore:

— Que les lois et décrets publiés sous ce régime se trouvent en vigueur, ayant été incorporés dans la collection officielle de la législation portugaise!

— Que les emprunts émis dans le pays par le gouvernement de D. Miguel avaient été dans la suite reconnus et consolidés pour leur valeur nominale!

—Et qu'enfin la monnaie frappée sous titre de ce même gouvernement conserve le cours légal dans le pays.

III

Examinons l'exactitude et la valeur de ces assertions.

L'histoire de l'emprunt, et des faits qui l'accompagnent, est toute particulière; ces circonstances, par cela même qu'elles sortent de l'histoire générale, ne peuvent être parfaitement connues que par des expositions spéciales: de là les graves erreurs de fait dont on a si fort abusé. S'il manque aux narrations l'exactitude nécessaire, tou traisonnement basé sur ces narrations tombe de lui même, dès que la fragilité de ce point de départ se trouve démontrée.

Les jurisconsultes consultés ont été induits en erreur, comme je viens de le faire observer, et, n'ayant pas cherché des informations exactes comme l'a fait le jurisconsulte Bonjean, ils ont donné des opinions, qui, bien sur, ils n'auraient pas suivi, et ils ont suggéré des procédés, qu'ils n'auraient pas conseillé, s'ils n'avaient pas pris pour l'expression de la vérité cette erreur fondamentale.

Tous les arguments dont les réclamants se servent avec le plus d'insistance manifestent le propos d'appuyer l'emprunt sur la légitimité du gouvernement qui l'a contracté, et ils poursuivent tellement ce but, qu'ils vont jusqu'à donner le titre de *rebelles* à ceux qui servaient sous les ordres du gouvernement de la reine!

Laissant maintenant de côté les affirmations, tout-à-fait privées de fondement, dont je m'occuperai plus tard, je vais traiter la question en elle-même, d'après les documents authentiques ci-dessus transcrits.

IV
Question de droit

Dans les faits, qui viennent d'être fidèlement exposés, on ne rencontre pas, comme je l'ai dit plus haut, les renseignements nécessaires pour formuler un compte, dûment documenté, des sommes émanant de l'emprunt D. Miguel trouvées par le gouvernement légitime dans le trésor public. Et je dois faire remarquer ici — que ce compte devrait être produit par les intéressés, attendu qu'il se rapporte à une dette non reconnue par le gouvernement portugais, et que, par cette raison, il ne lui appartient pas de la liquider, sans qu'il soit convaincu ou contraint à le faire, puisque, de droit, les réclamants sont tenus à en fournir la preuve.

Ceci est un point dont il faut toujours tenir compte!

Dans un mémoire, publié par M. Becker en 1874 (pag. 59), il est avoué que l'emprunt, dont je m'occupe, n'a jamais eu la côte officielle à la Bourse de Paris, quoique il ait été émis dans cette place; et il y est encore reconnu que des fraudes ont été pratiquées pour la collocation qu'il a obtenu.

Les emprunts auxquels, comme à celui-là, la côte n'est point accordée, ont évidemment le caractère d'emprunts ou d'opérations tout-à-fait particulières, et à cause de cela ne peuvent devenir, dans aucun cas, l'objet de réclamation diplomatique.

Dans de telles circonstances, il ne reste aux intéressés, lorsqu'ils ne se conforment pas aux décisions des gouvernements, que le recours contencieux aux tribunaux du pays devant lequel ils sont en instance, nullement au moyen diplomatique, qui n'est pas recevable en pareille hypothèse, et qui, *in limine*, doit être refusé.

Pour bien aprécier la question de droit, il n'est pas nécessaire de faire, comme l'ont fait les intéressés dans leur brochure, un long exposé des évènements politiques se rapportant à l'époque où l'emprunt a été contracté; il est seulement convenable de réfuter les assertions erronées qu'on lit dans cette brochure, pour qu'elles ne passent point comme acceptées par l'histoire. On arrive facilement à ce résultat en faisant rapidement voir qu'il n'a pas eu, comme on l'a prétendu, interruption dans le gouvernement légitime du royaume, et que, par conséquent, l'administration qui avait contracté l'emprunt, même comme gouvernement de fait, n'a jamais été obéie par la totalité de la monarchie portugaise, où co-existait toujours un gouvernement, légitimement constitué, qui lui était opposé.

Par ses lettres patentes du 13 mai 1825, diplôme ratifié par le traité du 29 août de la même année, le roi Jean VI, qui, en vertu du droit subsistant, avait déclaré le Brésil état indépendant, avait aussi formellement sauvegardé le droit de succession du royaume dans la personne *du fils aîné* du souverain, et cette même qualité d'*héritier* et de *successeur,* dans les couronnes du Portugal et du Brésil, lui fut confirmée par la loi du 15 novembre, qui éleva le Brésil à la catégorie d'empire.

Dans le décret royal du 6 mars 1826, qui créa la régence, le même droit a été maintenu, puisque on y établit la régence, pour le cas où le roi vînt à décéder, *jusqu'à ce que l'héritier et successeur légitime de la couronne du Portugal donne ses instructions.*

Cette intelligence, et *nulle autre,* a été donnée par l'infant le seigneur D. Miguel lui-même à ce diplôme, et au droit exprès que s'y trouve consigné, dans la lettre *officielle,* à cette occasion, et à la date du 6 avril, adressée à son frère, lettre où l'on peut lire ces mots textuels:

«... dans ma douleur j'éprouve un grand soulagement en m'adressant aujourd'hui à Votre Majesté impériale et royale, à fin de lui offrir l'assurance de mon hommage de sujet respectueux, **reconnaissant en Votre Majesté impériale mon souverain légitime, en sa qualité d'héritier et successeur de nos glorieux ancêtres...** »

Et dans l'autre lettre, *également officielle,* adressée, à la même date, à sa sœur l'infante, alors régente du royaume, où, aussi explicitement qu'on vint de le voir, ou plus explicitement encore s'il est possible, il était dit: Je ne cesserai de regarder avec désapprobation et déplaisir tout ce qui ne sera pas entièrement conforme aux dispositions du décret du 6 mars de la présente année, par lequel Sa Majesté impériale et royale, que Dieu ait en sa sainte gloire, a daigné avec tant de sagesse pourvoir à l'administration publique en créant un conseil de gouvernement *(junta de governo)* pour régir ces royaumes, *jusqu'à ce que l'héritier et successeur légitime, notre très cher frère et seigneur l'empereur du Brésil,* ait pris à cet égard les mesures que sa haute sagesse lui aura dictées... » *(Collection diplomatique,* tome XXVI.)

Il n'a jamais eu de cession dans ce droit de succession, et il ne pourrait pas en avoir au préjudice du droit des héritiers légitimes: c'est en raison de ce droit que D. Pedro IV a succédé et qu'il a été juré.

Ce fut encore en vertu du décret que la régence fut confirmée, par le successeur du royaume, dans l'acte du 26 avril, où il se trouvait ordonné que le pouvoir de cette régence durerait jusqu'à l'installation d'une autre régence, laquelle régence nouvelle devait administrer le royaume d'après la Charte constitutionnelle de la monarchie portugaise, qui allait être octroyée,—et qui en effet fut octroyée le 29 du même mois de la même année.

Ce fût encore par suite des déterminations contenues dans ces actes souverains que D. Pedro IV abdiqua dans la personne de sa fille la reine D. Maria II par résolution du 2 mai, abdication subordonnée aux réserves expresses dans cet acte même, et en vertu desquelles, par droit propre, il assuma plus tard la faculté de constituer la régence au nom de la reine, sans dépendance d'investiture par un autre pouvoir, puisque ce pouvoir ne pouvait pas alors être convoqué.

Dans la Charte, constitution politique du royaume, qui comme telle avait été octroyée et jurée (articles 5ème et 86ème) se trouvait assurée la reconnaissance de la reine; et ce fût en conséquence des dispositions de l'acte d'abdication, du serment à la Charte prêté le 4 octobre à Vienne en Autriche, et du décret de D. Pedro IV du 13 juillet 1827, que D. Miguel de Bragança, alors infant, accepta la délégation d'exercer dans le royaume les pouvoirs de lieutenant de son frère D. Pedro IV pour gouverner la nation, fait duquel il a été donné un compte authentique dans les protocoles du 18 et 20 octobre de la même année.

Les lettres de l'infant à son frère, à sa sœur la régente du Portugal et au roi d'Angleterre, toutes portant la date du 10 octobre, celle adressée au roi d'Espagne à la date du 21 du même mois, ainsi que le nouveau serment prêté par lui, n'ont pas laissé le moindre doute dans l'histoire politique du pays sur la nature du pouvoir dont il avait été investi, et qui lui servit à commencer son gouvernement,—

gouvernement de régence au nom de la reine sous le régime constitutionnel de la Charte. Ce fut exclusivement en ce sens, et en cette qualité, qu'il gouverna momentanémment avec obéissance de toute la monarchie.

L'abdication, dans ces entrefaites, n'était pas encore devenue définitive, comme l'a fait observer le ministre des affaires étrangères d'Angleterre au gouvernement de Lisbonne dans sa note bien significative du 22 avril 1828.

Le décret du 3 mars de cette même année, qui contenait l'abdication définitive de D. Pedro IV, n'avait pas encore reçu ni application ni publicité, comme il est dit dans celui du 15 juin 1829 qui institua la régence du royaume au nom de la reine; et ce n'est que plus tard que cette régence l'a fait publier.

Les évènements révolutionnaires s'étant précipités en Portugal, ils donnèrent lieu à la protestation dirigée à la nation portugaise (24 mai 1828), par les plénipotentiaires de D. Pedro IV, contre les actes d'usurpation déjà pratiqués par l'infant régent; et il fût ainsi déclaré dans ledit décret du 15 juin 1829, par lequel D. Pedro IV, en présence des circonstances extraordinaires qui ne permettaient pas de procéder d'après les préceptes constitutionnels, avait nommé, de son propre pouvoir, la régence du royaume.

Ce fût encore en vertu de ce même pouvoir, et par les mêmes raisons, que plus tard D. Pedro IV prit en main cette régence, comme il résulte du décret du 3 mars 1832.

Ainsi, d'une part, dès la protestation du 24 mai 1828, le gouvernement de Lisbonne est considéré gouvernement exclusivement de fait et illégitime, et comme tel formellement déclaré à la nation par le décret mentionné du 15 juin 1829; d'autre part, un gouvernement légitime est tout de suite constitué dans le territoire de la monarchie.

En 1830 le roi Charles X de France disait, en s'adressant aux chambres dans le discours de la couronne :

« Je poursuis en ce moment, de concert avec mes alliés, des négociations, dont le but est d'amener entre les princes de la maison de Bragance *une réconciliation nécessaire au repos de la péninsule.*»

La chambre des députés lui répondait par ces paroles solennelles :

«Nous faisons de vœux, Sire, pour le succès des soins que vous consacrez, de concert avec vos alliés, *à la conciliation des princes de la maison de Bragance.* C'est un digne object de la sollicitude de Votre Majesté que *de mettre un terme aux maux* qui affligent le Portugal, *sans porter atteinte au principe sacré de la légitimité, inviolable pour les rois, non moins que pour les peuples.*»

Des termes de cette réponse, qui s'est propagée rapidement par toute la France, on voit bien de quel côté l'opinion se prononçait, sans la moindre hésitation, sur les questions de légitimité, dans la guerre qu'on poursuivait en Portugal.

Il est non moins notoire que le gouvernement de l'infant D. Miguel n'a jamais pu obtenir d'être reconnu par les nations, qui cependant avaient reconnu l'état légal qui, mal conseillé, il avait voulu substituer par la force.

Dans cet état de choses, il est évidemment impossible d'invoquer (comme on le fait dans un des mémoires, ci-joints, publiés au nom des porteurs des obligations de 1832) le pouvoir légitime, que le gouvernement de l'infant n'avait exercé que très peu de temps, en qualité de titre valable à faire reconnaître toutes les conventions passées avec le même gouvernement, depuis que celui-ci, cessant de fonctionner au nom de la reine, était devenu intrus ; il est de même parfaitement clair qu'à peine ce gouvernement prit un tel caractère, il lui a été immédiatement opposé, comme gouvernement constitué, celui de la Charte au nom de la reine, et que par cette raison le gouvernement de Lisbonne, dès qu'il fut solennellement déclaré illégitime, n'a jamais été considéré *le seul gouvernement constitué dans le pays,*— affirmation produite aussi par un des mémoires cités, en méconnaissant de la façon la plus étrange les faits politiques de Portugal, dans le seul but de donner à la réclamation l'apparence d'un fondement légitime.

Ce point n'est nullement indifférent pour l'apréciation des relations de droit dans les gouvernements de fait; et c'est pourquoi j'ai tracé cette rapide esquisse, qui, sans cela, deviendrait inutile.

Dans les circonstances qu'on vient de voir, le gouvernement légitime, établi à l'archipel des Açôres, promulgua et fit publier, dans les différentes places de l'Europe, le décret du 23 août 1830, dont voici la teneur:

«La régence du royaume de Portugal et des Algarves, ainsi que de ses colonies,— considérant que tous les actes émanés du gouvernement de Son Altesse royale l'infant D. Miguel, depuis le 25 avril 1828, sont manifestement nuls, caducs et non avenus, soit qu'ils aient été passés au nom de régent ou en celui de roi, puisque c'est dans ce jour que Son Altesse a manifesté plus ouvertement le projet, qui dans la suite s'est développé peu à peu et a été realisé, d'usurper la couronne, qui appartenait sans aucun doute au seigneur D. Pedro IV par droit indiscutable d'héritage, en vertu des lois fondamentales du royaume et de celles en usage dans toutes les monarchies héréditaires, laquelle couronne, après lui et en vertu de son abdication formelle, appartient à Sa Majesté Très Fidèle, son auguste fille, D. Maria II; — considérant encore que de cette nullité manifeste peuvent être seulement exceptés avec quelque raison les actes ordinaires de justice ou d'administration, lesquels, par leur nature, n'ont pas un caractère politique et ne peuvent souffrir de retards;— le conseil de régence, ci-dessus dénommé, désirant prévenir tous les doutes qui pourraient ensuite s'élever relativement aux opérations financières, et voulant empêcher toute fraude et toute tromperie, déclare, au nom de la reine, que jamais ne seront reconnus comme obligatoires pour la couronne de Portugal, en quelque temps que ce soit, et seront considérés comme nuls et sans effet tous les emprunts, payements anticipés ou autres contrats onéreux pour les finances du Portugal, des Algarves et des colonies, hypothéqués sur des biens meubles ou immeubles appartenant à cette même administration des finances, que le gouvernement de Son Altesse royale l'infant D. Miguel a effectués depuis le 25 avril 1828, on effectuerait à l'avenir, avec toute personne, société, compagnie, ou corporation portugaise ou étrangère. Le ministre d'état fera exécuter le présent décret en lui donnant la plus grande publicité qu'il sera possible, ainsi à l'intérieur des possessions portugaises qu'à l'extérieur».

L'emprunt, dont je m'occupe, ne fut négocié, dans les conditions exposées plus haut, que long-temps après la publication de ce document, qui ne s'écarte pas des principes de droit international alors suivis, et encore aujourd'hui en vigueur: il fut donc, sous tous les rapports, une véritable convention aléatoire.

En vue du décret, que je viens de transcrire, il est ainsi facile de conclure que, de même que l'emprunt, les sommes de cette provenance, réalisées par le gouvernement alors établi à Lisbonne, ne pouvaient être reconnues, ni donner aucun droit aux souscripteurs contre le gouvernement légitime.

La partie réalisée de cet emprunt,—qu'elle fût ou non trouvée dans les caisses publiques,—appartenant au gouvernement de fait en faveur duquel elle avait été souscrite et aux mains duquel elle avait été remise, sa capture ou sa confiscation était parfaitement légale, puisque ces valeurs étaient entrés effectivement dans son avoir. Les gouvernements, déclarés intrus, ne représentant légitimement la nation, ne peuvent pas l'engager, attendu qu'ils ne représentent pas sa souveraineté; d'où il s'ensuit qu'un tel emprunt n'a jamais pu devenir une charge du pays.

Les réclamants confondent constamment les changements de forme dans les gouvernements, et même le détrônement de dynasties, avec les gouvernements de fait, véritablement intrus, qui n'ont jamais pu consolider leur pouvoir, ni se faire obéir par la totalité de la nation. Et cependant ce sont des conditions de droit public absolûment différentes, qu'on ne peut confondre sans tomber dans les plus graves erreurs.

A la monarchie de Charles X en France succéda celle

de Louis Philippe ; mais la monarchie déposée n'a jamais été considérée intruse.

Il y a été de même récemment pour l'empire. Les gouvernements détrônés en Italie se trouvent dans une situation pareille.

Toute différente est la condition d'un gouvernement considéré d'invasion, ou des gouvernements intrus, comme celui des confédérés dans l'Amérique du nord, et dernièrement encore celui de D. Carlos de Bourbon dans une partie de l'Espagne.

Cela posé, jamais les actes des gouvernements considérés intrus ne furent reconnus en aucun pays.

Les emprunts contractés par les confédérés, les emprunts de l'Hongrie, de la Pologne, de D. Carlos, n'ont pas été de mince importance ; néanmoins les nations n'ont jamais reconnu ces emprunts, parce que, d'après le droit des gens, les actes des rébelles ne peuvent obtenir de reconnaissance.

Toutes les allégations des réclamants sur ce point ne font que révéler combien ils méconnaissent profondément les principes qui régissent en cette matière.

Si la France a payé des emprunts de la Commune, réalisés à Paris, ce fut parce que ces emprunts n'étaient que de véritables extorsions par la terreur et par la violence, de vrais cas de force majeure [1].

Il y a donc entre les deux situations une telle différence, qu'il n'est pas permis de les confondre en faveur de l'emprunt de 1832, car il ne se trouvera personne pour

---

[1] Nous nous permettons de faire ici observer que, même dans de telles circonstances, ces emprunts ne fûrent pas tous reconnus. Nous en trouvons la preuve dans la brochure publiée par le gouvernement à Paris, au mois d'août de l'année courante, sous le titre *L'emprunt D. Miguel devant le droit des gens et l'histoire*, pages 66-67, où il est rapporté textuellement ce qui suit :

« En 1871, pendant le triste *regne* de la commune de Paris, la Banque de France s'est vue forcée de satisfaire à ses exigences et de remettre à ses émissaires des sommes considérables. Ces sacrifices avaient, dans une certaine mesure, profité à l'État en empêchant de plus grands désastres. C'était au moins la pretention de la Banque.

affirmer que les banquiers français se trouvaient sous la coaction du gouvernement de l'infant de Portugal.

Lorsque, en droit international, on a passé du système qui considérait uniquement contrebande de guerre les armes, les instruments et les munitions de guerre, au système aujourd'hui accepté par la plupart des nations, l'argent est entré aussi dans la catégorie de contrebande de guerre, et, comme tel, est resté sous le coup des mêmes effets. (Dalloz. Vid. *Prises maritimes,* numéro 157 et suivants.)

Déjà dans le traité entre la Suède et les provinces des Pays-Bas, du 5 avril 1614, l'argent monnayé a été compris dans la contrebande de guerre; pareillement dans le traité entre l'Angleterre et la Hollande en 1654, et dans celui de 1661 entre l'Angleterre, le Danemark et la Suède.

Grotius et Selomans comprennent dans la contrebande de guerre *pecunia et commeatus*.

En vérité, l'idée de la contrebande de guerre est complexe et variable, selon le temps et les circonstances, et, à cause de cela, difficile d'être déterminée d'une façon absolue. Toutefois, comme l'or, l'argent, le cuivre, soit en monnaye soit en lingots, peuvent être considérés des instruments propres à l'acquisition d'objets de première nécessité pour la guerre, cette puissante raison a porté la plupart des auteurs de droit international à admettre les dits métaux dans cette généralité. — (Watel, tome 1er; Kluber, § 288 et suivants; Heffter, 308; Wheaton, tome

---

Le ministre des finances avait reconnu, par écrit, que l'État devait rembourser à la Banque les sommes dont il ne lui serait pas tenu compte par la ville de Paris. Qu'a dit le conseil d'état? Il a déclaré sans valeur légale la déclaration du ministre par le motif que, si les ministres ont qualité, comme représentant l'État, pour contracter les engagements ou reconnaître les créances relatives aux services publics placés dans les attributions de leurs départements respectifs dans le cas où il n'est pas autrement disposé par la loi, il ne leur appartient aucunement d'engager les finances de l'État, *pour accorder des dédommagements n'ayant leur cause dans aucune responsabilité préexistante du trésor.»* — N. du T.

2, 146 ; Idem, *Hist.*, tome 2 ; Martens, *Précis,* tome 2, 322 ; Calvo, etc.)

Massé, tout en limitant beaucoup la qualification de contrebande de guerre lorsque cette qualification s'applique aux objets dits de seconde classe, — c'est-à-dire, à ceux qui servent également à la guerre et à la paix, afin d'établir la différence avec ceux qui servent exclusivement à la guerre et qui par cette raison constituent la première classe,—n'hésite pas à considérer contrebande de guerre les métaux monnayés, destinés aux belligérants, quoique ce soient des objets appartenant à la seconde classe.

« ... Tel est enfin l'argent monnayé, qui quelquefois tient lieu de tout, d'hommes, d'armes, et de munitions... » (Tome 1er, § 208.)

Dans le traité conclu le 21 février 1797 entre l'Angleterre et la Russie, dans lequel on a circonscrit dans des articles déterminés tout ce qui devait être considéré contrebande de guerre, bien que l'argent monnayé ne s'y trouve pas énuméré, lorsqu'on se rapporte aux autres articles qualifiés libres, on a ajouté, fait observer Wheaton : *à moins qu'ils ne soient considérés propriété de l'ennemi.* Évidemment, de cette nature sont les sommes perçues par l'ennemi, quoique ces sommes proviennent de source étrangère. Cependant, pour plus de sûreté, peu de temps après, les deux nations amplifièrent l'énumération susdite dans le traité du 25 juillet 1803, *en y faisant comprendre les espèces monnayées.*

Malgré les larges franchises que le droit international moderne a admis et qui font l'honneur du traité de Paris de 1856, la contrebande de guerre est toujours restée sous le coup de la perte par capture.

Des résolutions encore plus libérales ont été prises, en 1866, en faveur du commerce ; mais là l'exception de la contrebande de guerre subsiste toujours ; et la Prusse et l'Italie ont adhéré au décret autrichien du 13 mai, qui consigne ces résolutions. (Vicomte de la Gueronnière, *Droit publique de l'Europe*, tome II-296.)

Enfin, pour donner à la doctrine que je viens de soutenir la consécration de l'autorité des premiers écrivains de droit international, je produirai l'opinion d'un des plus remarquables et des plus récents, Bluntschli, qui traite profondémment ces matières :

«Quoique les emprunts, dit-il, soient en règle générale des affaires essentiellement pacifiques, ils doivent être considérés comme *des subsides,* lorsqu'ils sont contractés pour faire la guerre, et ils constituent évidemment *une participation indirecte* aux actes de guerre.» «Cette règle est également applicable aux emprunts faits par des particuliers.» «On ne peut pas mettre en doute que de tels emprunts sont effectués dans l'intention de venir en aide au belligérant.» (§ 805.)

Pour ce qui est de tels emprunts, — je l'ai dit, et il faut bien le rappeller ! — tout le monde sait que le gouvernement de l'Amérique du Nord n'a pas reconnu ceux réalisés par la confédération du sud ; que l'Espagne n'a pas reconnu ceux des carlistes ; que l'Autriche n'a pas reconnu ceux du gouvernement insurrectionnel d'Hongrie ; que la Russie n'a pas reconnu ceux de la Pologne !

Si l'argent monnayé, seulement par le fait d'être envoyé à un des belligérants, est considéré contrebande de guerre, et comme tel perdu pour celui-ci lorsqu'il y a capture, — comment ne serait-il pas également perdu pour le belligérant qui l'a perçu, lorsque cet argent, se trouvant en sa possession, vient à être saisi par la partie adverse, quelle qu'en soit la provenance connue, et quand même tous les titres ou effets de commerce qui le représentent, n'auraient été encore réalisés ?

On ne pourra pas opposer — que la doctrine de la contrebande de guerre est seulement applicable aux belligérants reconnus. Non-seulement cette distinction ne se trouve pas dans les auteurs, mais, dans l'hypothèse dont il s'agit, la qualité de belligérant ne manquait pas évidemment au gouvernement légitime : on pourrait seulement refuser cette qualité à son compétiteur, ce qui rendrait plus fâcheuse encore la position du dit compétiteur, puisque une telle circonstance prouverait que l'emprunt n'avait pas été contracté *avec un belligérant reconnu.*

Il est toutefois certain qu'à l'époque de l'emprunt les déclarations de belligérants n'avaient pas entré aussi avant qu'aujourd'hui dans le droit des gens ; et il n'est pas à ma connaissance qu'il est intervenu aucune déclaration des nations à ce sujet, pendant la guerre qui malheureusement désolait alors la famille portugaise.

Je ferai remarquer en dernier lieu ce qui se trouve constaté dans le *Journal de droit international privé (1877,* pag 579) :

« D'après l'opinion, soutenue par d'imposantes autorités, et confirmée par de nombreux arrêts des cours des États-Unis — *les objets de contrebande de guerre, que l'un des belligérants prouve avoir été destinés à l'usage de son ennemi, sont sujets à saisie...* »

Aucun doute ne peut donc subsister sur l'actualité du droit international que je défends. Je me suis detenu sur ce point parce qu'il fixe d'une façon irréfutable le droit d'appropriation de la partie de l'emprunt, trouvée en espèces ou en lettres de change, soit que cette partie ait été capturée en route pour l'ennemi, soit qu'elle ait été saisie en sa possession (et c'est justement l'hypothèse en question), — remise faite des titres de recouvrement, comme des lettres de change ou tout autre ordre de payement.

Donc, le décret du 23 août 1830, n'a nullement créé un droit nouveau ; il n'a fait que consigner et maintenir ce qui était le droit reconnu dans la plûpart des nations ; et, par cette raison, il importe bien peu que ce décret ait été, ou n'ait pas été, publié dans les places étrangères, d'après la contestation insérée dans les mémoires auxquels je viens de me rapporter [1].

---

[1] Le décret du 23 août 1830 a été publié dans plusieurs journaux de Paris, et notamment dans le *Moniteur universel,* non-seulement en cette année de 1830, mais une seconde fois en 1832. Les affirmations des mémoires cités ne peuvent annuller le témoignage des faits.

Les sommes en espèces, ou en lettres de change, manifestement prêtées à l'ennemi et remises en ses mains, deviennent propriété de celui-ci, et sont pour cela considérées comme faisant partie de son avoir, sans aucune autre distinction. Dans ce cas précisément se trouvent les sommes mentionnées plus haut, réalisées en vertu de l'emprunt Outrequin et Jauge; et cela d'autant plus que dans la convention qui a terminé la guerre, aucune déclaration n'a été faite à ce sujet.

Voilà, en droit, l'état de la question par rapport à l'emprunt, alors même que le décret de 1830 n'eût pas été publié.

Est-ce que le décret du 31 juillet 1833 a pu produire quelque changement dans cet état de droit?

V

Le décret du 31 juillet 1833 est conçu en ces termes:

«Dans l'impossibilité d'organiser immédiatement le tribunal du trésor public d'après les formalités établies par la Charte constitutionnelle de la monarchie portugaise, — et d'appliquer, pour le moment, toutes les dispositions du système financier adopté par le décret n° 22 du 16 mai 1832; — considérant que l'expédition des affaires relatives aux finances exige qu'à la tête du trésor public se trouve une corporation, chargée de remplir toutes les fonctions attribuées au tribunal du trésor: — j'ai résolu, au nom de la reine, de créer une commission, sous le titre de commission du trésor public, par intervention de laquelle sera décidée toute affaire de la compétence du dit tribunal.

«Pour le réglement de ces affaires, la commission susdite doit se conformer aux dispositions contenues dans le titre IV du décret cité. Le ministre secrétaire d'état du départe-

---

Du reste, ces affirmations fantaisistes, et souvent contradictoires, surabondent dans les brochures variées, et variables, publiées par les intéressés, comme il sera opportunément démontré, textes en main. — N. du T.

ment des finances présidera cette commission, dont feront tout de suite partie, en qualité de ses membres, Florido Rodrigues Pereira Ferraz, João Ferreira da Costa Sampaio, José Joaquim Gomes de Castro et Gonçalo José de Sousa Lobo, que je charge de prendre la connaissance la plus exacte de tout ce qui peut se trouver dans le trésor appartenant aux finances de l'État; cette commission doit également prendre à tâche de ne pas confondre ce qui se rattache légitimement à des titres ou à des valeurs négociables, qui pourront s'y rencontrer, provenant des emprunts que le gouvernement de l'usurpation peut avoir contracté, titres et valeurs à l'égard desquels la même commission est seulement autorisée à en faire opérer le recouvrement et à en conserver les produits en dépôt sûr, puisque de tels contrats, n'étant pas obligatoires pour la couronne portugaise, comme il a été déclaré dans le décret du 23 août 1830, il ne convient pas à ma générosité *(não é proprio da minha generosidade)* d'empêcher la remise *à qui de droit* en temps opportun, des fonds de cette provenance qui viendront a être liquidés. Le ministre secrétaire d'état du département des finances, président de la commission du trésor public, l'aura ainsi compris et se chargera de le faire exécuter[1]. »

Je ne discuterai pas quelle a été la force légale de ce décret, puisque ce n'est pas nécessaire pour bien déterminer ses dispositions.

Le décret n'a point décidé (comme on voit des termes mêmes qu'y sont employés), et il ne pouvait pas décider, une

---

[1] Il est encore à remarquer—que la traduction de ce document (qui a servi aux consultations demandées aux jurisconsultes français au nom des porteurs de titres de 1832, et qui a été insérée, tant dans les réclamations particulières, que dans les brochures publiées), se trouve, non seulement mutilée, mais sensiblement altérée,—le sens de la version ne répondant pas au sens de l'original. Du reste, ces mutilations et cette inexactitude d'interprétation, quelle qu'en soit la cause, se rencontrent fréquemment dans tous les textes traduits pour le compte des porteurs des titres de 1832.—N. du T.

question de droit aussi importante que l'était la reconnaissance envers des nationaux et des étrangers de l'emprunt fait par un gouvernement intrus : ce serait prendre des résolutions sur la propriété de la nation, et disposer de cette propriété, ce qui est réservé aux cortès. Le décret ne contient non plus de matière législative. Il prend à peine des mesures intérimaires pour la comptabilité et le recouvrement ; et, à cette fin, il crée une commission sans facultés pour rien résoudre, en lui incombant de recouvrer et de garder séparémment *tout titre ou valeur négociable,* qu'on puisse rencontrer dans le trésor public, provenant des emprunts que le gouvernement usurpateur ait pu avoir contracté,—à l'égard des quels titres ou valeurs la même commission est seulement autorisée à en faire opérer le recouvrement et à en conserver sûrement les produits (jusqu'ici la partie dispositive),—puisque de tels contracts, n'étant pas obligatoires pour la couronne portugaise comme il se trouvait prévu dans le décret du 23 août 1830, il ne convenait pas à la générosité royale *d'empêcher la remise des fonds de cette nature,* lorsqu'on les aurait liquidés, *à qui de droit,* en temps opportun.

On ne trouve ici qu'une ordonnance de pure administration, par laquelle les fonds mentionnés devaient être conservés en dépôt sûr, jusqu'à résolution compétente sur la question — à qui de droit.

A qui de droit! Ce sont les propres termes du décret!

Tel est aujourd'hui l'état du débat. On discute *à qui ces valeurs appartiennent de droit,* point que le décret, parce qu'il ne contient qu'un ordre de recouvrement, n'a pas du tout préjugé, — et qu'il ne pouvait nullement préjuger, — attendu que c'était une grave question de gouvernement, et que cette question avait été expressemment réservée, dans les termes où elle se trouvait, quels que fussent les sentiments généreux du régent.

Le décret prit le fait comme il se présentait : il ordonna des recouvrements ; et le gouvernement ne s'est immiscé dans l'emprunt, ni ne l'a reconnu non plus.

La question de décider — à qui appartiennent de droit de telles valeurs — restant entière dans le document qu'on vient de lire, la décision de ce point doit être réglée par les principes de droit que je viens d'exposer.

VI

Je dois encore examiner quelques assertions, à mon avis non fondées, qui se trouvent dans la brochure à laquelle je me rapporte:

§

Les procès intentés en Angleterre n'ont pas eu pour but d'obliger à une satisfaction de contrat, mais seulement d'exiger le payement des lettres de change, régulièrement acceptées, qui avaient été saisies dans le trésor public portugais, et qui, par cette raison, se trouvaient dans les mêmes conditions, et sous le coup de la même commination de droit international, que les sommes trouvées dans les caisses de l'ennemi.

Les réclamants prétendent que l'agent portugais, pour pouvoir plaider devant les tribunaux anglais, s'était vu forcé à faire *des déclarations*, qui reconnaissaient aux porteurs des titres 1832 le droit d'être remboursés par le gouvernement portugais [1].

Si l'on passe en revue les pièces officielles de ce procès on n'y rencontre en aucune façon *pareille déclaration*; et, puisque les réclamants n'ont pas authentiqué la teneur de cette prétendue déclaration, je n'ai pas autre chose à faire

---

[1] Pour employer le terme: *déclaration*, les auteurs de la brochure de janvier citent une phrase isolée du rapport du ministère des finances en date de 1840, en la présentant sous cette forme : «on a expédié à M. Soares l'ordre de *faire les déclarations exigées par les tribunaux* (os esclarecimentos que se têem exigido)». La traduction vraie du mot: *esclarecimento*, n'est pas du tout: *declaração*; mais: *renseignement*, — ce qui change évidemment le sens entier de la phrase citée. — N. du T.

que de rappeler cet aphorisme de droit : à celui qui fait une allégation appartient d'en produire la preuve. Des affirmations aussi positives que celles dont les réclamants se sont fait les propagateurs responsables ont besoin de documents pour être acceptées, — et on ne voit pas de tels documents !

Les procès de Londres ont été trop compliqués pour que je puisse en donner ici l'extrait. Il suffit d'en détacher un fait — sur lequel il faut bien appeler l'attention : il n'y est pas constaté authentiquement que les lettres de change, dont on poursuivait le payement, aient été effectivement payées à l'agent du gouvernement de la reine. Aucun document qui confirme ce payement n'est arrivé à ma connaissance.

La déclaration, qu'on trouve dans ces procès, est celle-ci :

« La régence publia le décret du 23 août 1830. Afin de rendre ce décret connu de tous il a été publié, non-seulement en Portugal, mais en divers journaux anglais et français.

« Vers le 13 juin 1834, le chevalier Lima, ministre de D. Maria à Paris, publia en sa faveur une notice, où il était déclaré : que le gouvernement de la reine *ne reconnaîtrait pas les emprunts de D. Miguel*, et où le décret de 1830 (transcrit plus haut) se trouvait réproduit. »

Cette notice contenait également le passage suivant :

« Depuis cette date (c'est-à-dire, depuis le 23 août 1830, date du décret en question) *rien n'est survenu qui puisse altérer la décision prise ;* et, en vérité, il serait difficile d'imaginer comment, après une telle déclaration, *et le produit de l'emprunt étant uniquement destiné à faire opposition à l'autorité de la reine*, une telle opération *pourrait être reconnue par son gouvernement*. Reconnaître un emprunt, lancé dans de telles circonstances, serait offrir une prime à l'usurpation, et à ceux qui la soutenaient. »

Il résulte évidemment de cette déclaration, — non seulement que les accepteurs des lettres de change ont reconnu dans le procès la publicité donnée dans les différentes places au décret portugais de 1830 contre tout emprunt contracté dans ces circonstances, — mais qu'ils ont déclaré, d'eux mêmes, *que le gouvernement de la reine n'était pas responsable de cet emprunt, puisqu'il avait été négocié contre lui.*

Quel a été le succès des sollicitations diplomatiques, que les réclamants mentionnent, est chose qui peut être parfaitement constatée dans le rapport présenté au sénat français en 1862. Ce document, ayant été transcrit plus haut, il devient inutile d'y rien ajouter.

On voit par là qu'il y a eu en effet des sollicitations diplomatiques ; ces sollicitations cependant doivent être considérées comme terminées, après la résolution du grand corps politique qui a consacré les conclusions de son rapporteur. Tel est le droit toujours suivi dans les relations de nation à nation.

Il n'existe pas de documents authentiques de négociations entamées officiellement, ni de propositions, faites avec ce caractère, par le ministre de Portugal à Paris, ou par tout autre représentant du gouvernement portugais.

Seulement, on trouve dans la correspondance du vicomte de Paiva l'importante déclaration suivante:

«Il y a un point préliminaire à établir d'après les principes de droit international, et ce point est: que le gouvernement légitime ne peut, ni ne doit, être responsable de l'emprunt. Je vais m'occuper, en ce sens, d'un travail qui, s'il mérite l'approbation du gouvernement de Sa Majesté, pourra être *opposé aux représentations, adressées par les intéressés au sénat.*»

Cette correspondance est datée du 3 février 1863.

Telle est la contestation authentique à tout ce que les réclamants affirment, inexactement, pour donner à croire que le gouvernement portugais leur a fait officiellement offrir des propositions d'accord.

§§

Il est aussi non moins inexact qu'il subsiste décret ou loi du gouvernement intrus considérée en vigueur, ou qui aît été appliquée après que cette administration a cessé.

Dans le décret du 23 août 1830, promulgué par le gouvernement constitutionnel, se trouvent ces dispositions précises:

«La régence des royaumes de Portugal et des Algarves, ainsi que de ses colonies,— considérant que tous les actes émanés du gouvernement de Son Altesse royale l'infant D. Miguel, à partir du 25 avril 1828, sont manifestement nuls, caducs, et non avenus, soit que ces actes aient été passés en qualité de régent ou sous le titre de roi, puisque ce fut à la date de ce jour que Son Altesse mit à découvert son projet, peu après developpé et réalisé, d'usurper la couronne à son profit, laquelle couronne, par indiscutable droit de succession héréditaire d'après les lois fondamentales du royaume, et d'après le droit public de toutes les monarchies héréditaires, appartenait au seigneur D. Pedro IV, et, après lui et par son abdication formelle, à Sa Majesté Très Fidèle D. Maria II, son auguste fille ;— considérant encore que de cette évidente nullité ne peuvent être avec quelque raison exceptués que, exclusivement, le actes ordinaires de justice et d'administration, lesquels, par leur nature, n'ont pas de caractère politique et ne peuvent souffrir de retard, etc.»

Dans le décret du 14 mars 1833 il est également dit :

«Prenant en considération le rapport du ministre secrétaire d'état des affaires ecclésiastiques et de justice, j'ai résolu, au nom de la reine, d'ordonner ce qui suit :

«Article 1er Dans tous les documents, passés au nom du gouvernement usurpateur, à partir du 28 avril 1828,— qui n'aient pas été déclarés nuls à cause de leur qualité d'actes ordinaires de justice ou d'administration, actes que, par leur nature, n'ont pas de caractère politique et ne peuvent être retardés sans grave dommage pour les populations,—on effacera le nom du susdit gouvernement usurpateur, partout où il se trouvera, soit dans l'en-tête, soit dans tout autre partie du document, et de telle façon qu'on ne puisse plus le lire.

«Article 2° Reste sans aucun effet légal tout document, présenté aux autorités, s'il n'est pas absolument conforme à la disposition de l'article antérieur.

«Tout officier de justice, ou fonctionnaire public, qui rédigera quelque document en contravention du dit article, ou qui le conservera ainsi rédigé dans ses archives, sera puni de la peine de suspension de l'emploi; et la partie coupable d'avoir produit de pareils documents sera passible d'une amende, imposée, d'après la gravité du délit, par l'autorité à laquelle le document aura été présenté.

«Le ministre secrétaire d'état des affaires ecclésiastiques et de justice l'ait ainsi compris et se charge de le faire exécuter.»

Par ces deux diplômes ont voit bien en quelle connaissance de cause les réclamants affirment de pareilles inexactitudes! et à quoi leur sert d'insérer dans leur brochure le long catalogue des diplômes, qu'ils disaient, avec si peu de raison, avoir encore force de loi en Portugal!...

*

La législation de cette époque a été publiée en livraisons, et chacun pouvait, quand il le voulait, additionner ces livraisons aux collections des années respectives.

J'ignore si, dans un but historique, l'imprimerie nationale a depuis reimprimé ces livraisons,—ce qui, du reste, est tout-à-fait indifférent, la force des lois ne résultant pas du travail typographique exécuté dans cet établissement, qui se charge aussi de publications particulières.

§§§

Pour ce qui est de la continuité de circulation de la monnaie frappée par le gouvernement intrus, je ferai à peine observer — que les principes qui régissent la circulation de la monnaie sont différents de ceux qui déterminent l'exécution des lois. Pour que la monnaie soit admise dans la circulation, il suffit qu'elle possède la valeur légale et qu'elle ait été frappée dans les officines de l'État. Il importe peu que le gouvernement que l'a fait frapper ait été, ou non, un gouvernement purement de fait. Telle a été la pratique suivie dans tous les pays, pratique justifiée par la grande difficulté de faire retirer de la circulation la monnaie, alors qu'elle représente effectivement une valeur légale et n'est pas le produit de la contrefaçon.

En vain, donc, de ce fait — que la monnaie frappée sous le gouvernement intrus a continué à être considérée monnaie légale du pays — prétendent les réclamants [déduire la légitimité de ce gouvernement: de telles allégations ne peuvent même passer pour un *semblant* d'argument.

§§§§

Enfin, prétendent encore les réclamants: le gouvernement de la reine, ayant capitalisé les opérations réalisées dans le pays par le gouvernement qui avait contracté celle de 1832, a plus forte raison ce dernier emprunt devrait être reconnu, attendu que les prêteurs avaient qualité d'étrangers.

En toute cette importante question, je ne dois pas m'écarter des considérations de droit, auxquelles elle est inévitablement subordonnée, et sur lesquelles je suis consulté.

Les réclamants se rapportent ici aux deux emprunts, consolidés par décrets du 31 octobre 1836 et du 23 avril 1847.

Le décret du 14 mai 1834 avait déterminé la liquidation dans les bureaux de l'État, et le classement par le tribunal du trésor public, des dettes réclamées, tout en laissant *la reconnaissance de leur légitimité* dépendante de la consultation du tribunal, et de la résolution supérieure du gouvernement.

L'emprunt forcé du 12 novembre 1831 a été admis dans cette catégorie, par égard à la nature de violence qui avait imposé cet emprunt:—ainsi s'exprime le décret du 31 octobre 1836, qui l'a pris en considération.

Pour ce qui est de l'autre emprunt, pris également en considération par le décret du 23 avril 1847, il avait été autorisé par un acte légitime, — c'est-à-dire, en vertu de la loi du 30 mars 1827, signée par l'infante régente au nom de la Charte!

Cette simple énonciation suffit pour rendre évident — qu'il n'y a pas la moindre parité entre ces deux crédits et l'emprunt de 1832, dit de D. Miguel.

Un de ces crédits résultait d'une opération réalisée conformément à une loi promulguée par un gouvernement légitime, l'autre d'une extorsion, imposée par la force à des citoyens placés sous la main du gouvernement qui l'exigeait.

L'emprunt 1832, non seulement n'avait pas été contracté en vertu d'une autorisation légale émanant d'un gouvernement légitime, mais il n'avait pas même pour excuse ni la force ni la pression exercée sur les prêteurs, puisqu'il avait été réalisé dans une place étrangère et par l'entremise de banquiers étrangers, nullement sujets au gouvernement de Portugal.

En sorte que celui-ci fût un véritable emprunt de guerre, expressément lancé dans ce but, car nulles autres n'étaient alors *les urgences du gouvernement* qui le négociait,—et qui le négociait en dehors des conditions légales qui sont d'usage en pareilles émissions, comme il a été démontré, et comme il fût reconnu par le sénat français.

Conséquemment, les deux exemples relevés par les prêteurs de 1832, au lieu de favoriser leur prétention, ne fait, au contraire, que prouver l'essentielle différence qui sépare leurs conditions.

La lumière est faite sur les divers points touchés dans la récente publication, *Emprunt royal de 1832,* sur laquelle je suis appellé à répondre.

Pour ne pas donner une plus grande extension à cette réponse fiscale, je me rapporte pour le reste à tout ce que j'ai exposé et fait valoir dans ma consultation antérieure en date du 14 juin 1877[1].

Dieu garde Votre Excellence.—Bureaux de l'avocat général de la couronne et des finances, ce 24 mai 1880.—A Son Excellence le ministre secrétaire d'état des finances.—(Signé): L'avocat général de la couronne et des finances, *João Baptista da Silva Ferrão de Carvalho Mártens.*

---

[1] Cet'autre consultation de l'éminent jurisconsulte de la couronne se trouve traduite et publiée dans le memoire du gouvernement, déjà cité, qui porte le titre *L'emprunt D. Miguel devant le droit des gens et l'histoir* — N. du T.

www.ingramcontent.com/pod-product-compliance
Lightning Source LLC
Chambersburg PA
CBHW060937050426
42453CB00009B/1046